Mongol

Karin Serres

Mongol

Neuf
l'école des loisirs
11, rue de Sèvres, Paris 6ᵉ

Loi n° 49.956 du 16 juillet 1949 sur les publications
destinées à la jeunesse : mars 2003
Dépôt légal : mai 2015
Imprimé en France par Gibert Clarey Imprimeurs
à Chambray-lès-Tours

ISBN 978-2-211-06969-4

À Hélène

1

Je m'en fous. Ils peuvent dire ce qu'ils veulent, je sais que je ne suis pas complètement idiot.

« Sombre idiot », me dit papa quand il est en colère. Nadia, ma sœur, c'est : « Pauvre andouille. » Maman : « Bécasson. » Et à l'école, alors là, tout le reste : « Crétin, débile, niais… » « Simplet », aussi, même si mes oreilles sont normales et mes habits à ma taille. À chaque récréation, Fabrice et sa bande se rassemblent autour de moi et ils me crient des noms, ils me traitent. Tout ça parce que je suis lent. Je comprends pourtant aussi bien qu'eux, j'ai juste besoin de plus de temps.

– Le temps que ça arrive au cerveau, ouais !

– Tu parles, il en a pas, de cerveau !

– Eh, crétin, secoue-la voir, ta tête ?

Moi, gentil, je la secoue. Et eux, ils s'étranglent de rire :

– T'entends, c'est le petit pois qu'est dedans !

*
* *

Dans la cour, tous autour de moi, ils me traitent, ils me crient. Des injures et des noms méchants. Des qu'ils inventent aussi. Au début de l'année, c'était

« même pas né ». Parce qu'ils me trouvaient bébé, maman m'a expliqué. Et puis « débiloss », nounouille, taré, raté, râteau... » Et là, tout à coup, à la dernière récré, il y a Fabrice qui crie ce mot : « Mongol ! » Alors tous les autres de sa bande répètent : « Mongol ! Mongol ! Mon-gol ! »

Ils me crient ce mot que je ne connais pas, en tournant tout autour de moi. Ils crient tellement fort, tellement vite que ma tête aussi commence à tourner. Je veux m'en aller, sortir de leur cercle, mais Fabrice me repousse et je tombe sur le dos, sur mon cartable où j'entends mon petit jus de fruits du goûter exploser. Je me relève, à quatre pattes d'abord... « Ouh ouh ! Le mongol ! »... puis debout, et j'essaie de casser leur ronde hurlante par un autre côté mais personne ne me laisse passer, même pas les filles : « Mon-gol ! Mon-gol ! Mon-gol ! » Roxanne et Julie crient le même mot que les autres, tout excitées. Le jus d'orange dégouline dans mon dos, gluant, glacé. Si j'enlève mon cartable, ils vont me le piquer, pour se le lancer ou le vider par terre, éparpiller toutes mes affaires, alors non, tant pis pour le jus d'orange écrasé qui coule dans mon dos, je garde mon cartable accroché, je me cramponne à ses bretelles, même. « Mon-gol ! Mon-gol ! » Fabrice et toute sa bande m'encerclent, même les filles. Tous, ils me poussent, ils m'étouffent, et ce mot, là, ce mot que je ne comprends pas… Alors je serre les poings, je ferme les yeux et je crie… le plus fort que je peux.

*
* *

Ce soir, dans mon lit, j'en tremble encore. Au dîner, j'ai rien mangé, pourtant c'était gratin de nouilles, ce que je préfère. Rien pu avaler. Tordu. Broyé. Mal à la tête… Maman entre dans ma chambre pour me faire mon bisou du soir. Elle s'assied au bord de mon lit, pose sa main douce et fraîche sur mon front et murmure :

– Qu'est-ce qui ne va pas, Ludovic ?

Je ferme les yeux, je crispe mes paupières, mais leurs cris, leurs cris restent dans ma tête. Alors je lui demande :

– Maman, qu'est-ce que ça veut dire, mongol ?

D'un coup, elle devient toute blanche.

– Qui t'a dit ça ?

– Les copains, à l'école.

– Ne les écoute pas, Ludo ! C'est rien que des... ! Rien, tu m'entends ?

Elle plonge son regard noir, tout brillant, dans le mien.

– Rien de rien !

Après, elle me couvre de baisers, dix au moins. Elle me regarde longtemps, sans rien dire, soupire. Et me sourit enfin.

– Bonne nuit, mon Ludo. Dors bien. Oublie-le, ce mot. C'est rien.

Elle éteint ma lampe de chevet, m'embrasse encore une dernière fois et sort.

C'est peut-être rien, mais c'est un mot, et un mot, ça veut toujours dire quelque chose. Au bout d'un moment, j'allume la lampe de poche que je cache toujours sous mon oreiller. Je repousse ma couette, pose mes pieds nus sur la moquette toute douce et, sans bruit, je vais jusqu'à mon bureau prendre le gros dictionnaire que papa et maman m'ont offert. D'habitude, je m'en sers pour faire sécher des pétales de fleurs, mais là, je cherche vraiment un mot dedans. Ça prend du temps de me rappeler l'alphabet : première lettre, m, et puis la deuxième, o, et encore, et encore, comme un collier… là !

Page 658, juste après la planche des coquillages mollusques :

MONGOL, E adj. – De la Mongolie.

Tu parles que ça m'avance. Et en dessous :

MONGOLIE n. f. – Fourrure de chèvre de Mongolie.

Il m'a traité de fourrure de chèvre, Fabrice ? Non, de truc en fourrure de chèvre ? C'est mes cheveux, peut-être ? Déjà que j'ai eu droit à « mammouth », pendant toute une semaine, à cause de ma taille et puis que j'ai redoublé… Mais non ! que je suis bête ! Mongolie, avec une majuscule, ça doit être ! C'est vrai ça, quand on parle, on n'entend pas si c'est majuscule ou pas… Je recommence à chercher mais dans les noms propres, après les pages roses. Les noms propres et les noms sales. Fourrure de chèvre, ça doit bien puer… Il trouve que je pue, Fabrice ? Que mes cheveux puent ? Page 1551, cette fois, tout en bas :

MONGOLIE – Plateau désertique et steppique de l'Asie centrale entouré de hauts massifs (grand Khingan, Altaï, Tian Chan, Nan-Chan).

Donc un endroit de pays. Mais pourquoi ? Sur la page d'en face, il y a la carte du monde, en bleu et blanc. Je reconnais la Chine, ah, et en dessous, la Mongolie. En forme de… de rien de spécial. Je suis de plus en plus perdu. Encore en dessous, je trouve aussi :

MONGOLS (EMPIRE DES) – Empire fondé par Gengis Khan (1206-1227), reconstitué par Tamerlan (1369-1405), fondé de nouveau par Baber…

Alors là… Vraiment, je ne comprends pas. Pourquoi Fabrice et les autres m'ont appelé comme ça ?

*
* *

Le lendemain, c'est mardi, jour de bibliothèque. D'habitude, je passe mon temps dans le coin des BD, mais là, je prends discrètement le gros dictionnaire en couleurs pour aller le lire en cachette aux toilettes. J'aime beaucoup les toilettes de la bibliothèque, elles sont vertes. Si j'ai rien trouvé hier soir, c'est peut-être que mon dictionnaire était trop petit. Là, c'est un d'adulte, un vrai. Je ferme la porte au verrou, je m'installe sur le couvercle rabattu, j'ouvre le gros dictionnaire sur mes genoux et c'est reparti pour un tour d'alphabet : m… o… n… Dans celui-là, c'est page 650.

MONGOL, E adj. et n. – De Mongolie. N. m. – Groupe de langues altaïques parlées en Mongolie.

Normal, ils ne parlent pas français, là-bas, si loin. Ils parlent altaïque, donc. Altaïque-mongol, quoi. Pas plus avancé.

Allons voir aux noms propres. Qu'est-ce qu'ils disent ? Page 1482 : les mêmes montagnes, grand Khingan, Altaï, Tian Chan. Ah ! ils parlent des Mongols aussi : *peuple de haute Asie, vivant auj. princ. en République populaire de Mongolie et en Chine...* et puis plein de dates entre parenthèses. Je ne comprends pas tout. « Auj. princ. » par exemple. Ils disent que les Mongols étaient des guerriers très forts : *Les Mongols entreprennent des conquêtes sauvages et destructrices.* Mongol, c'est bien le mot qu'ils me traitaient ? « Guerrier très fort »... C'était pas une injure, alors ? C'était pour me dire qu'ils m'admirent ? Pour me faire plaisir ?

À ce moment-là, Fabrice crie derrière la porte :

– Là, m'dame, là, je reconnais ses grolles pourries !

Je sursaute, le dictionnaire tombe par terre dans un grand bruit. Han ! Sous la porte, je vois les chaussures rouges de la maîtresse avancer, et puis d'autres encore, des talons, la dame de la bibli peut-être, et puis toutes les baskets et les sandales de ma classe qui se bousculent, se piétinent, et ça chuchote...

– Qu'est-ce qu'il a encore inventé celui-là ? soupire la maîtresse derrière la porte verte. Ludovic ! Ludovic, ouvre-moi !

Je ramasse le gros dictionnaire. En tombant, tout un paquet de pages s'est plié. Je les défroisse comme je peux, c'est lourd, je vais encore me faire disputer.

– Ouvre, Ludovic !

La maîtresse s'impatiente.

– Ludovic, ça ne va pas ?

Là, sous la porte, les baskets de Sarah ! Ça me donne envie de pleurer. De l'autre côté, tous les élèves ricanent.

– T'as fait pipi dans ta culotte, bébé ? crie Fabrice.

– Silence ! fait la maîtresse.

Tout à coup, je me rappelle ce que je viens de lire. « Guerrier très fort... sauvages et destructrices... auj. princ... » Alors je ravale mes larmes, je cale le gros dico sous mon bras, j'ouvre le verrou et je sors, sans regarder personne mais la tête droite, en disant :

– Je lisais.

Mais la maîtresse ne me croit pas. Devant toute la classe, elle me fait vider mes poches. La seule chose que je trouve, c'est un paquet de chewing-gums à la fraise qu'elle me confisque, – mes chewing-gums ! – et elle commence à feuilleter le dictionnaire pour trouver ce que j'ai gribouillé. C'est ça son idée.

– Puisque je vous dis que je lisais !

– Toi ? Lire ? Et le dictionnaire, en plus ? Ça serait bien la première fois !

– Et que lisais-tu ? demande doucement la dame de la bibli.

– Une page.

Toute la classe éclate de rire.

– Une page intéressante ?

– Ah oui !

– Laquelle ? Tu veux bien nous le dire ?

– 1482, je réponds à voix basse, rien que pour elle.

La maîtresse humecte son doigt et feuillette le dictionnaire à la recherche de ma page. Plus personne ne rit. Elle s'arrête. Hésite. Retourne les pages en arrière.

– La page d'avant, tu veux dire ? La carte du monde ? Ça ?

– Non, madame.

– Combien déjà ?

– 1482.

– Voyons, voyons, voyons…

Elle cherche le long des colonnes de mots et de photos ce qui a bien pu m'intéresser. Même si elle n'y croit pas, on dirait. Relève la tête :

– Monroe, Marilyn Monroe ?

– Non.

– Quoi alors, enfin ? Montre-moi !

– Ça ! je dis en posant doucement mon doigt sur la carte de Mongolie.

– Très drôle ! fait la maîtresse. Et il se paie ma tête par-dessus le marché !

Elle claque le dictionnaire d'un coup sec et repart en criant :

– Comme tu voudras, comme tu voudras !

– Mais… je fais.

Ils sont tous repartis à côté.

– Tu t'intéresses aux pays lointains ? me demande gentiment la dame de la bibli.

– Que la Mongolie, je réponds tout bas.

– Alors viens avec moi. As-tu regardé dans les revues ?

On sort à notre tour des toilettes. Elle me fait asseoir devant son bureau, rejoint sa chaise à elle, derrière, et commence à tapoter sur son ordinateur de l'air de celle qui sait ce qu'elle fait. Tous les doigts à la fois, wouaoh… Quand on repart pour l'école, en rang deux par deux, j'ai deux livres et un journal pour moi tout seul, dans mon sac.

2

Après la classe, à 16 h 30, je reste encore à l'école, au goûter. Au lieu de manger mes gâteaux, ce jour-là, je vais direct m'installer dans un coin de la cour, au soleil. Je sors le sac de bibli de mon cartable et j'ouvre le journal à la page que la dame de la bibliothèque m'a montrée. *À cheval à travers la steppe*, ça s'appelle, le reportage. Ça commence bien. Tout à coup, le journal vole : Fabrice vient d'y coller un grand coup de pied.

– Alors, crétin, on fait semblant de lire ?

– Fiche-moi la paix, je marmonne, ça m'intéresse.

– Ah ouais ? Montre un peu… il fait en tirant sur le journal.

Moi, je me cramponne. C'est mon journal. C'est à moi tout seul que la dame l'a prêté.

– Lâche ! Mais lâ-cheu !

Et cette brute de Fabrice tire si fort qu'il arrache la couverture. Ça, ça me met dans une de ces colères ! Mais que faire ? Fabrice et sa bande sont bien plus forts que moi. Si je l'attaque, je vais me faire massacrer, et punir par le surveillant en plus. Alors je me lève, je ramasse en vrac mon cartable, mon sac de bibli, les deux livres, le journal et la couverture que ce salaud de Fabrice tient toujours… « Donne ça ! » et je cours vers les toilettes où je m'enferme à double tour.

Là, je ne peux plus me retenir, je pleure. Qu'est-ce qu'elle va dire, la dame de la bibli ? Et voilà, à cause de ce salaud de Fabrice, elle va plus jamais rien vouloir me prêter ! Sauf si j'arrive à réparer le journal déchiré sans trop que ça se voie. Papa ! Sur son bureau, il a du scotch invisible, il m'en donnera. Un long morceau de chaque côté, ça devrait aller. Pour une fois que quelqu'un se moque pas de moi.

J'essuie mes yeux avec ma manche. À l'école, il n'y a pas d'espace sous la porte des toilettes. Et elles sont blanches, pas vertes comme celles de la bibli, mais c'est pareil : là, au moins, je suis tranquille. Mieux, même : personne ne peut me voir. Je rouvre le journal sur mes genoux. C'est pas facile de le tenir, il est tout mou. Je cherche la page où j'étais, ah, voilà, et je recommence à lire : *À cheval à travers la steppe…*

Blam ! Blam ! Blam ! La porte tremble chaque fois que Fabrice tape dedans. Je m'en fiche, il ne peut rien me faire. De toute façon, le surveillant vient lui dire d'arrêter.

– C'est Ludovic, m'sieur, il s'est enfermé !

– Ça va ? demande le surveillant.

– Oui, oui, m'sieur, je fais caca ! je crie.

*
* *

La sonnerie de 17 heures me fait sursauter. Déjà ?! Grâce à ce journal, j'ai appris des tas de choses géniales. La steppe, par exemple, c'est un genre de campagne mais immense, rien que de l'herbe partout, « où la lumière varie sans cesse en fonction du jeu rapide des nuages ». Ils jouent à quoi ? Les Mongols habitent dans des tentes en bois couvertes de feutre, pas des feutres pour écrire, « une étoffe de poils et de laine agglutinés ». Parce que c'est des nomades, ils changent tout le temps d'endroit. Dès qu'ils en ont marre du paysage : hop ! ils font leurs bagages et ils déménagent. À cheval. Ils passent tout leur temps à cheval. Pour se chauffer, ils font brûler des bouses de vache dans une poêle et leur lait, ils le fabriquent avec du lait, de l'eau et du sel. Leurs chevaux, ils ont l'air de les adorer. Ils les montent même debout sur la selle, en équilibre. Là-bas, les enfants apprennent à faire du cheval avant même de marcher. D'ailleurs, un Mongol ne frappe jamais son cheval. Il faut dire que leurs chevaux sont superintelligents : ils arrivent à trouver à manger même par moins quarante degrés, rien qu'en fouettant la neige avec leurs sabots !

J'entends la cour se vider. Faut pas que je reste le dernier, pas que je risque de me faire enfermer ! Quoique j'aurais de la lecture… Vite, je remballe toutes mes affaires et je sors, sous les regards sévères du directeur et de la maîtresse. Elle a déjà dû lui raconter l'histoire des toilettes de la bibliothèque. Je prends mon air le plus innocent possible en passant devant eux, je dévale les marches jusqu'à la rue et je rentre à la maison en courant, en galopant dans le vent. *Dzaaa, dzaaa, dzaaa !*

Ce soir, ni deuxième goûter ni télé : je fonce dans ma chambre pour pouvoir continuer à lire, à plat ventre sur la moquette. Maman toque à ma porte :

– Ça va comme tu veux, Ludo ?

Devant mon air absorbé, elle n'insiste pas. Moi, page après page, dans ce journal, je découvre la vie des Mongols de mon âge. Il y a un garçon, il rêve de devenir un cow-boy américain. Dingue. Et une fille, elle fait des courses à cheval depuis qu'elle a cinq ans. Mais des vraies courses, hein. C'est ça que je voudrais, moi : avoir des amis comme elle, aller à son école où elle est pensionnaire et discuter avec elle de steppes et de longues chevauchées à travers… Non, pas pensionnaire : quand je rentre à la maison, au moins, là, la bande à Fabrice peut plus m'attaquer.

Après, ils montrent comment on monte une « yourte ». C'est le nom de leur tente. Ça a l'air fado. Ils parlent des meubles dedans aussi, comment c'est rangé. Je me lève pour pousser mon lit au ras de la porte : c'est la place des enfants dans la yourte.

– Ludo ? Mais qu'est-ce que tu fabriques ? crie maman de la cuisine.

– Rien, rien… je réponds. Et je me couche de nouveau sur ma moquette douce comme une prairie d'herbe, le nez dans le journal.

Ensuite, ils racontent la vie de Gengis Khan, « le guerrier le plus craint du monde, l'empereur aux yeux de chat qui n'a jamais su ni lire ni écrire ». Alors, hein ? Pourquoi pas moi ? Il avait les cheveux roux. Comme moi, encore. Ce Gengis Khan, il disait : « Là où je passe, l'herbe ne repoussera pas. » La classe ! Là où je passe, moi, la moquette ne repoussera pas. Le béton de la cour ne repoussera pas. Les écoles ne repousseront pas…

Je tourne encore les pages. Mille pages, je voudrais qu'il ait, ce journal ! Ils montrent des photos de la grande fête nationale mongole, le Naadam, avec une course de chevaux réservée aux enfants. Je lis, je lis, je peux plus m'arrêter…

Mais maman m'appelle pour le dîner. Et là, ça se gâte.

– *Namastè*… je dis, les mains jointes, en entrant dans la cuisine où toute la famille m'attend, affamée (j'ai voulu finir mon paragraphe...). Je m'assieds en tailleur sur ma chaise. Mes genoux craquent, et aow ! j'en cogne un dans le tiroir de la table. Vache : pas très adapté, ce mobilier. Avant de boire, je trempe le petit doigt dans mon verre pour asperger le ciel, la terre et mon front, et je reçois une baffe.

– Mais papa, je dis, c'est la coutume !

– Coutume de quoi ? Tu te moques de moi ? !

Je préfère ne pas répondre. Mmmh, ce soir, il y a salade de tomates, saucisses, frites et mousse au chocolat. Je ne touche qu'aux saucisses, mais j'en prends six, pour compenser. Que je broute à la main, en bouquet. Saucisses de mouton ? Saucisses de yack ?

– Tu veux tes frites maintenant ou

après, Ludovic ? demande maman, cuiller en l'air.

– Jamais !

– Pardon ?

– À bas les produits d'importation !

– Hein ?

Papa et maman se regardent, stupéfaits. Quant à Nadia, elle est trop occupée à chipoter ses trois lamelles de tomate sans vinaigrette pour remarquer quoi que ce soit. Quand le dessert arrive, mon préféré d'avant, je le repousse pour aller me chercher du fromage dans le frigo.

– Qu'est-ce qui ne va pas, Ludovic ? demande maman, inquiète.

– Rien, rien, je réponds en attrapant le camembert à pleines mains. Nous, les Mongols, nous ne mangeons que de la viande et des laitages.

Tout le monde se tait à table, ils me regardent vider les emballages de fromage l'un après l'autre. Pour rompre le silence, je demande :

– Pourquoi je ne fais pas de cheval ?

Papa s'étrangle :

– Mais… mais parce que tu ne nous l'as jamais demandé !

– Ça te dirait d'en faire l'année prochaine ? demande maman.

– Non, tout de suite !

– Quoi, tout de suite ? Ce soir ? Là, maintenant ?

– Enfin, Roger, si ça lui fait envie…

– Ça lui prend comme une envie de pisser, oui !

– J'ai déjà trop perdu de temps, papa…, j'explique patiemment, j'aurais dû commencer à trois ans !

– Quoi ? !

Heureusement, Nadia s'en mêle :

– Au cours de ma copine Sonia, ils offrent une leçon gratuite, il paraît, pour essayer.

– Ça doit encore être en pleine campagne… ?

– Mais non, tout près, cinq minutes en voiture, à peine, le manège est juste au bord de la forêt…

– Je vous en supplie !

– On verra. Si t'es sage.

– Si tu t'appliques bien en classe.

– Si t'arrêtes tes conneries.

Je leur saute au cou comme ça ne m'arrive jamais. Je les embrasse tous les trois, même ma sœur, et puis je fonce dans ma chambre pour pouvoir encore lire et lire et lire et lire, dans mon lit.

*
* *

Quand maman vient m'embrasser, j'ai fini tout le journal. J'ai même eu le temps de détacher un poster de la Mongolie que j'ai accroché au-dessus de mon lit. Et j'ai découvert que les enfants mongols jouent aux osselets. Mais j'étais le roi des osselets, moi, l'an dernier ! Avant de repartir, maman s'appuie au montant de la porte pour me regarder.

– Attention ! je fais.

– Quoi ?

– Non, rien.

En Mongolie, faut surtout pas le toucher. Ça porte malheur.

– Tu as l'air changé, mon Ludo, elle fait.

Je lui souris et je ferme les yeux.

Elle éteint la lumière, tire doucement la porte. J'attends qu'elle s'éloigne, j'allume ma lampe de poche et je m'assieds dans mon lit, bien calé, la couette toute remontée : il me reste encore deux gros livres à dévorer. Je commence par les feuilleter. Photo après photo. Trop de mots lus aujourd'hui, avalés, ma tête n'est pas habituée, elle va exploser. Et si c'étaient mes photos à moi ? Que j'aurais faites, là-bas ? Là-bas d'où je reviendrais juste, décalage horaire, tout ça. Là-bas où je m'apprêterais à retourner dans… Au bout d'un moment, les yeux me piquent. J'ai tellement voyagé aujourd'hui ! Tellement vu de choses extraordinaires qui me paraissent maintenant si familières… Je pose doucement les deux livres par terre et j'éteins : à demain, Mongolie.

*
* *

Je me réveille en pleine nuit. J'ai froid. Un moment, je me crois dans une yourte, allongé sous le trou rond du toit où les étoiles scintillent dans la nuit. Mais non, c'est juste que je me suis endormi à l'envers, et les étoiles, je les vois dans ma fenêtre carrée de Français. Il est 1 h 30 à mon réveil. Plus sept : 8 h 30 là-bas, en Mongolie. L'heure du dragon. Parce que, là-bas, toutes les heures ont un nom. En ce moment, là-bas, les enfants mongols se réveillent. Ici, pas un bruit. Même papa et maman sont couchés, on dirait, je n'entends plus la télé.

Je me redresse, je m'assieds bien contre ma tête de lit, je remonte ma couette jusque sur mes épaules, je rallume ma lampe de poche et je reprends le premier livre. C'est surtout les photos qui me plaisent. En hiver, au petit matin, les yourtes ont l'air couvertes de sucre. L'herbe tout autour est rasibus. Pas de barrières, pas d'arbres, rien. Qu'une immense pelouse, mais grande, longue, infinie. Eh, mais je dors sous une couette à fleurs, moi aussi, comme le garçon de ce livre ! Avec ses copains d'école, il participe chaque année à leur grande course à cheval, le Naadam. Quinze kilomètres au galop à travers la prairie. Toute sa classe ! Tous à cheval ! J'imagine trop la tête de Fabrice sur un cheval, avec ses grandes oreilles décollées de chaque côté du petit bonnet pointu. Et puis Julie, à cheval aussi, et Roxanne, et Sarah… Sarah, elle est si forte, je suis sûr qu'elle y arriverait.

Qu'elle gagnerait, même ! Tous côte à côte sur nos chevaux, prêts à bondir, et le même grand soleil doré du livre nous illuminerait…

Après les photos, il y a un lexique, et je m'endors pour la deuxième fois de la nuit en répétant comme une chanson ces drôles de mots mongols qui me donnent des frissons.

3

Évidemment, au petit déjeuner, je n'arrive pas à émerger, comme dit maman. Je suis là, mes coudes sur la table de la cuisine, au milieu des bols, des miettes, des pots de confiture, dans une espèce de brouillard vague.

– La tête dans le potage ! se moque Nadia, toute pomponnée.

– Oui ! je fais. Voilà !

– Ludo, pour la dernière fois, qu'est-ce que tu veux manger ?

– Des nouilles au bouillon, maman.

De colère, maman claque mon bol de chocolat au lait sur la table. Je n'y touche pas. Pourquoi elle a mélangé cet immonde chocolat en poudre à mon lait ? Tout à coup je bondis : mes osselets ! Je viens de me rappeler où je les ai rangés l'année dernière, dans le tiroir de mon tabouret. Je cours dans ma chambre : ils y sont encore ! Fou de joie, j'attrape ma veste, mon cartable et je crie :

– J'y vais !

– À ce soir, mon chéri ! dit maman.

Je lui réponds :

– *Baïartè !*

Ce n'est que devant la porte de l'école – fermée ! – que je comprends qu'on est mercredi. Mercredi ! Centre aéré ! Oh non ! Toute la journée à me faire massacrer par Fabrice et sa bande, d'activité en activité, sans maître ni maîtresse pour me protéger. Avec mon cartable à la main en plus, comme un crétin ! Vite, il faut que je retourne à la maison avant que... Trop tard : planté devant la porte de l'école avec son grand cahier, Alain, le directeur du centre, m'a repéré :

– Ça alors, Ludo, t'es matinal ! Tu viens ?

Vite, je cherche une excuse.

– Je... j'ai oublié ma carte du centre...

– C'est pas grave, depuis le temps, on te connaît, pas vrai ?

– Mais...

Il aperçoit mon cartable.

– Tu t'es trompé, hein ? T'inquiète pas, ça arrive à tout le monde. Donne-le-moi, je vais te le garder jusqu'à ce soir.

Soulagé, je sors juste mes osselets de la petite poche, les fourre dans mon jean et j'attends que les autres arrivent. Je suis coincé. Mais armé.

Au début, Fabrice me laisse tranquille. Lui et sa bande s'amusent à tirer les cheveux des filles à tresses ou à couettes. Sarah est protégée par sa queue-de-cheval. Il me fiche même tellement la paix, Fabrice, que je l'oublie. Je m'installe à l'autre bout de la cour pour jouer tout seul avec mes osselets : le matin, quand il ne pleut pas, on fait toujours activités libres dehors jusqu'à ce que les derniers soient arrivés. À un moment, Sarah me regarde. Elle joue à l'élastique avec d'autres filles pas très loin. L'air de rien, je continue. C'est fou, tous les vieux gestes reviennent, je n'ai rien oublié. J'essaie les variantes mongoles que j'ai lues hier soir. L'arc, le saute-la-fosse... Sarah me regarde, elle me regarde toujours, tellement qu'elle en passe son tour. Je vais me lever pour lui expliquer que *Sar* signifie la lune en mongol, quand les brutes arrivent.

– Alors, bébé, on fait mumuse ? ricane Fabrice en flanquant un coup de pied dans mes osselets.

– Laisse-moi tranquille, je réponds. Pourquoi tu m'embêtes ? Je t'ai rien fait.

– Que tu crois.

– Quoi ?

– Un petit foot, les gars ? il demande à ses copains.

Et ils se mettent à shooter dans mes osselets, un par un, à les envoyer valdinguer dans toute la cour. Je cours après eux pour les empêcher, mais ils sont trop nombreux et puis c'est si petit, un osselet. Je leur cours après, eux, ils ricanent, hop ! hop ! ils me feintent, et Sarah me regarde, cette fois avec tellement de pitié que je sens tout d'un coup la colère me monter, me monter… Ça suffit ! Je serre mes poings très fort pour me donner du courage et je commence à marcher vers Fabrice en murmurant :

– *Aarul ! Peslek ! Bortsok ! Rurshurl !*

– Eh, les gars, il est devenu maboul ou quoi ? ricane Fabrice.

Oui, je marche droit sur Fabrice qui recule, et ses copains aussi. Au fur et à mesure, je ramasse mes osselets qu'ils ont laissé tomber. Et je continue à gronder :

– *Bruuz ! Urum ! Guutul !*

Maintenant, Fabrice et les autres ont l'air terrorisés, collés contre le mur.

– Qu'est-ce que tu veux? gémit Hugo, on t'a rien fait!

– Ouais, te fâche pas, c'était juste pour rigoler!

Je m'arrête à deux pas d'eux. Serrant fort mes osselets au fond de mes poches, je les regarde droit dans les yeux et je leur balance juste, le plus fort que je peux:

– *Tarag !*

Puis je repars dans mon coin de cour ensoleillé où je me remets à jouer avec mes osselets.

Tout à coup, je sens une odeur de miel: c'est Sarah.

– Qu'est-ce que tu leur as dit, Ludovic?

– À qui ?

– À Fabrice et sa bande…

– Quand ?

– Tout à l'heure. Tous ces mots bizarres, là, pleins de « u ». Le dernier. *Tarag*, c'est ça ? Qu'est-ce que ça veut dire ?

– Secret ? je lui demande.

– Secret ! elle jure.

Je me penche vers son oreille et je murmure :

– Ça veut dire « yaourt ».

On éclate de rire tous les deux. Sarah me regarde, un petit moment, sans rien dire, plus une trace de pitié dans ses yeux maintenant. Et puis elle hausse les épaules et repart joyeusement retrouver ses copines et leur élastique.

*
* *

Quand on sort du centre aéré, à 17 heures, malgré ma fatigue, je calcule : 5 + 7 = 12. Non, 17 + 7 = 24. Oui, c'est ça, en Mongolie, il est minuit. Impossible de m'arrêter de bâiller, c'est drôle. Comme eux, là-bas. Je rentre en zigzaguant sur le trottoir. À peine à la maison (sans toucher les montants de la porte), je vais droit à ma chambre. Je regarde le ciel gris par la fenêtre en pensant à la nuit là-bas, la nuit noire et froide pleine d'étoiles. Et je m'écroule sur mon lit sans même me déchausser.

*
*   *

Je me réveille vers 2 heures du matin. Comme hier, la maison est silencieuse et ma chambre, juste éclairée par la lune. Sarah, il faut que je lui parle de tout ça. Elle comprendra. D'ailleurs, en

Mongolie, les filles aussi montent à cheval. Comme les garçons. En pantalon brodé, avec le même petit bonnet, les mêmes vestes matelassées…

Lampe de poche allumée, je vais dans la cuisine me chercher de quoi grignoter (deux briques de lait, un saucisson et le bac de fromages) et je retourne sur mon lit où j'installe tous ces vivres pour la nuit en rond autour de moi. Puis je m'installe, bien calé contre la tête de lit, ma couette à fleurs bien remontée, j'ouvre le second livre de la bibli et je m'envole de nouveau pour la Mongolie. C'est encore l'histoire d'un garçon de mon âge qui vit à Oulan-Bator, leur capitale. Oulan-Bator, c'est une ville, comme Paris, pleine d'immeubles, avec même un fleuve qui la traverse, comme chez nous, mais là-bas il s'appelle la Turul. Ils ont la télé, un frigo, et son père a une grosse moto. J'apprends encore des mots : *Mundag, Tömör, Gandan, les forêts du mont Bogd-Uul-Tsetseg. Les forêts du mont Bogd-Uul-Tsetseg. Les forêts*… Là-bas, en Mongolie, les écoliers ont les cheveux rasés. La *Chuurga*, c'est leur tempête. *Tengri*, leur dieu « ciel bleu ». Et le *dzag*, c'est l'arbre-racine du désert de Gobi, dur comme du fer. Dans ma tête, je me redis tous ces mots, comme une musique, lentement, longtemps.

Puis je tourne la page et je plonge dans l'histoire de Gengis Khan, devenu chef de tribu à treize ans quand son père, l'ancien chef, est mort en prison. Empoisonné dans sa boisson, dit ce livre. Je reprends le premier que j'avais lu, je le feuillette à toute vitesse, ah : « Empoisonné par les Tatars » ils disent, eux. Empoisonné, donc, le papa, quoi. Quand Gengis Khan avait neuf ans. Son père était parti pour chercher la fiancée de Gengis, Börta. Qui était prisonnière, si je comprends bien. D'ailleurs, quand Gengis Khan devient chef, à dix-sept ans (je m'emmêle un peu dans les âges, faudrait que je fasse des fiches, comme en classe...), la première chose qu'il fait, c'est d'aller libérer Börta. Oueeh ! Bien fait ! Donc elle était restée... douze ans prisonnière ? La pauvre ! Moi aussi, je prendrais les armes pour aller délivrer Sarah si un jour elle était enlevée. Avec ma horde de farouches cavaliers, on foncerait sur l'ennemi, si vite que le sol, la terre trembleraient ! Couchés sur nos chevaux écumants, on foncerait droit devant nous, à travers le vent sifflant…

Tout à coup, l'angoisse me serre le ventre : et papa, mon papa à moi ? Je bondis hors de mon lit, manquant de renverser le lait, oups ! et, pieds nus, je marche dans le long couloir sombre jusqu'à la porte de la chambre de papa et maman. Est-il mort, mon père, lui aussi ? Puisque j'ai la même couleur de cheveux que Gengis Khan, presque le même âge, que la bande à Fabrice m'appelle « mongol », et que… Je baisse la poignée de la porte qui glisse sans bruit sur la moquette. Dans l'ombre de leur chambre bleue, sur le lit, je regarde les deux corps de mes parents qui font chacun une longue bosse sous la couette. Quoi ? Je n'entends qu'une seule respiration ! Et c'est maman, sur le côté, le visage caché par ses cheveux longs. Je fais le tour du lit, affolé. Papa ? ! Il est sur le ventre, immobile : il est mort, lui aussi ? ! Comme celui de Gengis ? Moi aussi, je vais devoir… ? Je prends papa par l'épaule, il ne réagit pas, je le secoue, je tire son pyjama qui craque, j'essaie de le retourner au moins pour voir son visage d'empoisonné qui doit être violet, sa langue gonflée…

– Ch'est-ce… fous là ? il grogne.

– Hein ? Moi ? je bredouille, fou de joie. Il est vivant ! Mon père est vivant ! Ah ! nous, on nous aura pas, hein, je vais tout lui raconter… mais papa s'est déjà rendormi. Sur le dos. Et il ronfle.

Je repars sur la pointe des pieds. Referme la porte de la chambre de papa et maman, tellement soulagé. En passant devant la salle de bains, j'ai une autre idée.

*
* *

– Aaaaah ! hurle maman dans la cuisine, le lendemain matin, quand j'entre pour prendre mon petit déjeuner. Mais qu'est-ce que… qu'est-ce que tu as fait à tes cheveux ?

Elle se cramponne au lave-vaisselle pour ne pas tomber tellement je l'éblouis.

– Je les ai rasés, tiens.

– Mais pourquoi… ? mais Ludo, mais… ?

– Quoi ? J'aurai moins chaud, comme ça.

– Oui mais…

– Et puis c'est la coiffure de tous les écoliers.

– Ah bon, j'avais pas remarqué.

– Wouaoouh, tu pars à l'armée ? demande Nadia en entrant, toute maquillée.

– Pauvre fille ! je lui réponds.

Rien ne m'atteint. J'ouvre le frigo : mince, le bac à fromages, j'ai oublié de le rapporter. De toute façon, il est vide maintenant. Je suis en pleine croissance, moi. Surtout pendant la nuit. J'attrape une nouvelle brique de lait et un paquet de jambon. Le lait, je le vide dans mon bol, où je plonge l'une après l'autre les six tranches de jambon roulées. Ma sœur et ma mère me regardent faire en silence, leur cuiller à elles en l'air, dégoûtées.

– Ah, au fait ! vous devriez vous faire des tresses, les filles, je laisse tomber.

Papa entre dans la cuisine en reniflant :

– Oh là là, je sais pas ce que j'ai...

Maman pose la main sur son front.

– Tu es chaud, oui. Tu t'es enrhumé, cette nuit, avec ton pyjama déchiré, aussi. Je vais te chercher un aspro.

– Essaie plutôt le lait de jument blanche, je chuchote à papa.

– Quand est-ce que t'es allé chez le coiffeur, toi ? il me demande.

– Ou bien de chèvre, si t'en trouves pas.

– De quoi ? demande papa, complètement largué.

– De jument blanche avec un bébé, tiens ! je ris.

Et je m'en vais.

– *Baïartè !*

4

1 h 15 du matin : j'allume ma lampe de poche. Ses piles commencent à s'user. Comme la nuit dernière, j'ai tout préparé : de quoi manger, du lait, des piles de rechange et plein de nouveaux livres ! Hier soir, après l'école, je suis retourné à la bibli. Je l'ai carrément dévalisée : quatre romans, trois documents, trois revues et deux CD-Rom sur la Mongolie, j'ai pris tout ce que ma carte me permettait !

Pas un bruit dans la maison. Ici, tout le monde dort. C'est le plein milieu de la nuit alors que là-bas, en Mongolie, une heure et quart plus sept : il est 8 h 15, les Mongols se réveillent dans leur yourte, sous leurs couettes brodées, le jour se lève dans le trou rond du toit et ils sortent sur le pas de leur porte respirer l'air glacé qui nappe la grande steppe… Je m'assieds, me cale contre la tête de lit, remonte ma couette, entame la brique de lait d'un coup de dents, en bois une gorgée et ouvre le premier livre de ma pile. Je ne comprends pas tout, mais je lis. Les fidèles gardes de Gengis Khan s'appelaient les *bagatour*. Ils avaient tous les droits, comme de tailler la tête des intrus en pièces. De monnaie ? Allongés dans l'herbe autour du palais, chaque nuit, ils veillaient. Veillez, mes braves *bagatour*. Veillez votre maître Ludo pendant qu'il dévore la sanglante histoire des steppes. Je tourne les pages en survolant les mots au hasard. *Örgöö*, le palais. Le pays aux deux mille cinq cents temples. Vache ! Le feu purifie tout ce qu'il touche. Si j'en allumais un, moi aussi ?

La nuit s'écoule au rythme des pages que je tourne, des mots et des phrases que je lis, des photos où je m'imagine... Des généraux russes et des chefs mongols en tunique longue. *Un homme naît à la maison et meurt dans la steppe* (dicton). Mon feu de crayons de couleurs crépite sur ma poubelle renversée. *Dzaa !* Allons-y. Ah, non, les Mongols ne font du feu qu'avec de la bouse séchée, l'*ârgal*. Je verse du lait sur mon feu qui s'éteint en fumant. Et revoilà les fêtes du Naadam, chaque année, avec la course de chevaux de quarante kilomètres à travers la steppe, pour tous les garçons et les filles de cinq à onze ans…

Quand je repense à la tête de la maîtresse devant ma feuille écrite… de haut en bas : puni !

Comme ce soir à table, quand maman n'a pas voulu croire qu'un simple mouvement de tête suffit pour dire merci. Au bout de trois, elle m'a giflé. Les gens ne me comprennent pas. Avant, ils me trouvaient trop lent, mais là, tout a changé. Je sais des choses qu'ils ne savent même pas. Je l'ai bien vu dans l'œil de la maîtresse cet après-midi quand je lui ai rendu mon dessin : stupéfaite ! C'était un *soyombo*, le symbole du peuple mongol. J'ai commencé à tout lui expliquer, la lune, le feu, les flèches…

– Merci, Ludovic, elle m'a fait, très doucement, et dans mon cahier de correspondance, ce soir, elle a demandé un rendez-vous à mes parents.

Deux, trois gorgées de lait.

*
* *

J'attaque le deuxième livre avec un peu mal à la tête. C'est l'histoire d'une fille, enfin d'une femme, qui a traversé tout le désert de Gobi à pied. La nuit, elle dort entourée par les loups, mais les loups sauvages, et avec ses gourdes dans son duvet, contre elle, pour pas que son eau gèle. Et Sarah, qu'est-ce qu'elle ferait, seule dans le désert au milieu d'une tempête de sable ? Je m'endors de temps en temps sur les pages sans images, et je rêve de Sarah, du désert, de Ten-gri, le dieu ciel immense. Dans la cour, aujourd'hui, on était presque vingt à jouer aux osselets. Réveillé de nouveau par une crampe dans le cou, je tombe sur la page des fiançailles. Un jour, moi aussi, j'apporterai deux moutons morts au père de Sarah, avec du lait fermenté… Un gigot, quoi. Avec le pied, c'est très important, le pied. Surtout, ne pas oublier de le dire au boucher… Des mots encore. Pour dire oui, là-bas, c'est *Tim*. *Tim*, oui. Me le rappeler.

Dehors, en France, dans la nuit noire, un chien aboie, couine une fois puis se tait. Mes braves *bagatour* l'ont décapité.

Bon, comment je vais faire pour partir en Mongolie, moi ? C'est assez loin d'ici quand même. Comment y aller ? Quand ? Et en combien de temps ?

Un vol régulier relie en sept heures Moscou à Oulan-Bator, mais le parcours en transsibérien est mille fois plus plaisant et passionnant. Transsibérien, c'est quoi ça? Une voiture spécial neige? Le dictionnaire est trop loin. Demain matin. Résoudre les problèmes pratiques un par un. Le Naadam, c'est les 11 et 12 juillet. En plein pendant ma colo (on part toujours en vacances en famille en août). Comment convaincre les parents? Ils ne me laisseront pas partir là-bas tout seul. Trop loin. En plus, le billet de train ou d'avion doit coûter tellement cher!

Je sors de mon lit pour aller chercher ma tirelire sur l'étagère, à côté du dictionnaire. Tiens, j'en profite... T... r... a... :

TRANSSIBÉRIEN – voie ferrée (plus de 9 000 km) qui traverse la Sibérie méridionale de Moscou à Vladivostok.

Un train, quoi. Faut que j'aie au

moins de quoi me payer un billet de ce train. L'avion, c'est plus cher, je crois. Je reviens sur mon lit. J'enveloppe ma tirelire dans un coin de ma couette et je fais retomber le tout sur un coin du bureau. J'attends… Ouf, personne ne s'est réveillé. Je redéplie la couette et je commence à compter toutes mes pièces au milieu des éclats de faïence rose (ma tirelire, c'était un cochon). C'est difficile, avec les centimes. Je recommence plusieurs fois pour être sûr. Là, voilà : dix-huit euros trente-cinq !

Hein ? C'est tout ? Mais ça ne suffira pas ! Déjà que pour aller chez mes grands-parents en Auvergne, ça coûte… Oh, non. Nooon !

Tout à coup, pour la première fois de la semaine, la Mongolie commence à s'éloigner de moi, à reculer comme un vaisseau spatial pour le cosmonaute au fil coupé. En fait, je ne verrai peut-être jamais en vrai les immenses collines d'herbe rase. Si ça se trouve, jamais je ne chevaucherai à travers la steppe, les yeux plissés, droit vers le soleil couchant. Mes larmes commencent à rouler jusque sur les fleurs de ma couette. Un seul rêve dans ma vie et voilà, réduit en bouillie, jamais ça ne pourra se réaliser, foutu, foutu, à jamais…

Qu'on emporte mon corps tout en haut d'une colline, vêtu de mes plus beaux habits (mon jean rouge, mes baskets et mon T-shirt avec les étoiles), qu'on me pose par terre et qu'on m'abandonne aux vautours ! Pour toujours !

*
* *

Non, je ne veux pas mourir complètement. C'est juste que tout va de pire en pire en ce moment. À l'école, c'est la cata. Depuis la bagarre avec Fabrice, la maîtresse me croit fou. À cause des injures que je lui ai lancées. Elle m'a emmené chez le directeur, où j'ai dû attendre sans rien faire jusqu'à 17 heures, et là, papa et maman sont arrivés pour le rendez-vous qu'elle leur avait fixé.

On remonte dans la classe tous les quatre. Je voudrais disparaître, ou qu'une tempête se lève pour tout emporter. La *Chuurga* ! Oh, une petite *Chuurga*, s'il vous plaît, là, tout de suite, vite, juste sur notre quartier ! Mais non, rien pour empêcher la rencontre parents-maîtresse de commencer. Et c'est ma fête.

La maîtresse leur raconte tout : le

scandale à la cantine quand je taille ma viande à pleines mains, le gâchis que j'y fais en ne mangeant que ma viande et mon fromage.

– À la maison, c'est pareil ! soupire maman.

Papa et elle se tassent derrière les pupitres trop petits où leurs genoux se cognent et la maîtresse continue : elle me soupçonne de copier depuis l'interro sur la Chine où j'ai tout réussi, j'ai même débordé pour marquer les fleuves de Russie et de Mongolie.

– Non, mais regardez ce qu'il faisait avant ! crie la maîtresse en brandissant mes cahiers barrés de rouge partout. Pensez-vous sérieusement qu'il soit capable tout à coup d'avoir tellement changé ? Qu'il ait pu tellement progresser, tout seul, en une seule semaine ?

Tournée vers mes parents, elle n'en peut plus :

– Et si seulement vous saviez de quels noms ignobles votre fils traite ses camarades, non, mais si vous pouviez seulement vous imaginer…

– Lesquels ? demande papa.

Je ferme les yeux, prêt au pire. La maîtresse se penche vers eux et murmure :

– Cerveau cru de ton père !

Sous mes paupières fermées, je revois l'air dégoûté de Sarah quand je lui ai déclaré, la voix tremblante d'émotion : « Sarah, Sarah, tu es mon cœur et mon foie… »

– Quoi d'autre ? demande papa calmement.

– Outre à excréments ! Et, et… verge d'âne ! gémit la maîtresse.

Alors papa éclate de rire. J'ouvre les yeux, stupéfait.

– Sans compter tous ceux que personne ne comprend, une sorte de langage inventé plein de U...

Un rire extraordinaire. Maman se mord l'intérieur des joues pour ne pas rire, elle aussi. La maîtresse a l'air très vexée.

– Comment pouvez-vous, monsieur... ? Mais c'est très grave !

Papa se lève :

– Madame, il dit, vous rappelez-vous ce que vous nous avez dit à propos de Ludovic au début de l'année scolaire ?

– Je... je ne m'en souviens plus, non.

– Qu'il manquait de vocabulaire. Que son niveau à l'oral était déplorable.

Qu'il était même, pardon, Ludo, qu'il était même un peu bête. Eh bien, madame, nous sommes au mois de mai et je constate avec joie combien vous l'avez aidé à progresser.

– Mais, mais… bredouille la maîtresse, quand même…

– Si, si, j'insiste : je vous félicite, madame, et je vous remercie d'avoir pris l'initiative de ce rendez-vous qui nous aura permis de vous exprimer notre gratitude. Continuez.

– Ah…

– Allez, Ludo, on s'en va. Ta maîtresse doit être fatiguée, dit papa.

Je me lève, ébloui. J'attrape mon cartable, je rejoins papa et maman qui me prennent chacun par un bras et on sort de la classe comme dans un rêve. Tous les trois, on dévale les marches du premier étage, on sort dans la rue sous le nez du directeur. Papa et maman lui font un si grand sourire que cette fois-là je n'ai même pas peur. On dévale les marches jusqu'à la rue, et sur le trottoir on marche en sautillant, on rit, on danse presque de joie !

*
* *

Mais qu'est-ce qu'ils ont ? Ils sont tous trop gentils avec moi. Maman et Nadia se sont fait des tresses. Au dîner, on mange des brochettes de mouton avec des fromages de chèvre grillés. En dessert, du flan avec de la crème fraîche. C'est bizarre. Tout est trop parfait. Ils m'ont piqué mes livres ou quoi ? Comment ils connaissent tout ça ? Ou alors c'est pour se moquer de moi ? Non, pas eux, quand même… Lorsque je me lève pour aller me coucher, épuisé, maman me retient et demande doucement :

– Attends un peu, Ludo, ton père et moi, on voudrait te parler.

Je me rassieds. Ils se regardent pour savoir qui va commencer. Maman se lance.

– Ludo, qu'est-ce qui ne va pas ?

– Rien, je dis.

– Regarde-moi quand je te parle, chéri. Tu as tellement changé depuis quelques jours, tu es si…

– Différent, complète ma sœur qui me regarde attentivement elle aussi.

– Tu as des problèmes à l'école ? Ces garçons qui t'embêtent ? C'est ce garçon qui t'a attaqué ?

Je hausse les épaules sans rien dire.

– Est-ce qu'il t'a encore traité de… elle regarde papa, tu sais bien ?

Rien. Je ne réponds rien.

– Tu es amoureux, mon petit vieux ? demande Nadia.

– Vous ne comprenez rien ! je crie, les larmes aux yeux.

Je me lève, je lance mon assiette par terre, je renverse mon verre, ma chaise tombe, je cours jusqu'à ma chambre et je claque la porte. J'arrache la carte de Mongolie du mur, j'attrape un sac où je balance tous les livres et les revues de la bibli et je le jette au fond du placard. Le demi-saucisson qui me reste, par la fenêtre, avec les deux briques de lait entamées qui vont s'écraser trois étages plus bas en grande tache étoilée. Rien ! Ça ne sert à rien de rêver ! Jamais de ma vie je ne pourrai y aller !

*
* *

Au milieu de la nuit, cette fois encore, je me réveille en sursaut. Dehors, il pleut. 1 h 25 sur mon réveil. 8 h 25 pour les troupeaux de chevaux sauvages qui soufflent des nuages par les naseaux. Chevaux qui galoperont à travers la steppe sans moi. Nuages que je ne verrai jamais s'envoler là-bas…

5

Non ! Je ne veux pas y aller ! J'aurais pas pu me taire, aussi, mardi ? J'avais complètement oublié cette histoire d'équitation, moi ! Alors quand papa est venu me chercher à midi en bagnole, aujourd'hui, à la sortie de l'école, je suis monté sans réfléchir, sans me méfier. On était samedi, il ne travaillait pas, il venait me chercher pour rentrer déjeuner, sympa. Quand il a tourné à gauche au coin du vidéoclub, je n'ai même pas réalisé qu'on habite de l'autre côté, nous. Et maintenant, nous voilà en route pour le centre équestre de la copine de Nadia, son « manège », là. Avec, en plus, tout l'attirail : une cravache, un casque en velours noir, des bottes et un jogging tout neufs à côté de moi, sur la banquette. Moi, porter ça ? Ils m'ont bien regardé ? Un jogging et des bottes noires ! Mais je vais avoir l'air d'un pingouin ! Pourquoi pas des palmes et un tutu ? J'ai horreur des déguisements ! Et le pire, c'est que papa ne comprend rien. Il croit qu'il me fait le plus grand plaisir du monde en m'emmenant faire le guignol à cheval dans la forêt !

« Ça va peut-être le guérir ? », il a dû dire à maman. Il est si gai qu'il sifflote en conduisant. Moi, j'ai envie de vomir. Depuis hier. Depuis que je sais pourquoi Fabrice m'a traité de mongol. « Mongolien », en fait, il voulait dire. Et il s'est gouré. Les mongoliens, c'est une maladie, la trisomie 21, une case en moins, quoi. « Un qui est pas fini, il m'a dit. » Un retardé mental, un raté ! C'était pas un compliment, ça n'avait rien à voir avec tout ce que j'ai pu lire, la Mongolie, tout ça, rien : pauvre débile, c'est ça que Fabrice voulait me crier !

*
* *

Papa coupe le contact. Oh non. On est arrivés. Il y a les grands arbres de la forêt, de hauts murs, de l'herbe et une porte dans un des murs, ouverte. Je m'en fous. Je ne bougerai pas d'ici. Je ne monterai pas sur un cheval. À force, l'après-midi finira bien par passer, la nuit finira par tomber, le centre équestre, par fermer, il n'y aura plus qu'à rentrer.

– Tes affaires, mon Ludo ! rit papa.

Personne ne me comprend. Personne ne m'aime. Je tiens leur espèce de casque en moquette noire à bout de bras. La bombe, papa me dit que ça s'appelle. Lourde, noire, bêtement ronde. Si seulement c'était une vraie. Adieu tout ça, baooum ! grosse fumée, problèmes terminés. Je fauche l'herbe à grands coups de cravache et j'avance, enfin papa me traîne par le bras, alors je le suis, bien obligé, à tout petits pas.

– Bon, eh bien, je vous le laisse ! dit papa à une jeune fille, ses larges mains chaudes sur mes épaules. Il sourit jusqu'aux oreilles, me donne une dernière bourrade dans le dos et s'en va. Il m'abandonne. « Papa ! » je voudrais crier, le cœur tordu, le ventre déchiré, et courir derrière lui. Mais je serre les poings et je ne dis rien. La fille m'entraîne vers les vestiaires déserts.

– Ils sont déjà en train de seller leur cheval, elle m'explique, tu vas les rattraper.

Au milieu d'un bazar d'habits, de sacs et de chaussures éparpillés, j'enfile le jogging neuf qui gratte (horreur des joggings, on dirait des sacs), les bottes neuves qui puent le plastique (comme quand j'étais bébé et que je sautais dans les flaques), j'enfonce la bombe sur ma tête, ça me serre, c'est vraiment obligatoire ce truc-là ? Je me regarde dans la glace : j'ai l'air d'un vrai. Monstrueux : un vrai débile de concours hippique à la télé. Qu'est-ce que je fous là ? Qu'est-ce que tu fous là, Ludo ? Non mais t'as vu comment t'es fringué ? L'impression de me dédoubler. Le vrai Ludo regarde un faux Ludo en train de jouer au cavalier. À côté de la glace, il y a un blouson que j'ai déjà vu quelque part, mais impossible de me rappeler à qui il est. Je sors des vestiaires et je rejoins les boxes, il paraît que ça s'appelle. Mon cheval s'appelle Caramel, parce qu'il est très doux. C'est comme un grand chien, vu de près. D'énormes trous de nez, ah, ça doit être ça, les naseaux. La peau assez douce. Mais la taille des sabots ! Vache. Je gare mes pieds bottés, pas très rassuré. La monitrice me le selle, m'explique les gestes à faire, quand je suis en bas, quand je monte, quand je suis à cheval, sur ma selle, et pour redescendre… Je ne comprends pas, je n'écoute rien.

À la fin, comme il faut bien (je regarde une dernière fois alentour : personne pour me sauver, et ce n'était pas une caméra cachée...), je pose mon pied où elle me dit et hop ! je monte sur un cheval pour la première et la dernière fois de ma vie.

Oh là là, qu'est-ce que c'est haut ! Et ça bouge en plus ! Terrifié, je me cramponne à ce que je trouve : le bord de la selle, non, pas de prise, le cou du cheval, trop large, les rênes, comme elle dit, tu parles, mais comment on fait pour rester sur ce machin ? Où sont les poignées ? La ceinture de sécurité ?...

La monitrice entraîne mon cheval par les rênes vers le manège, une sorte de bâtiment sombre et rond avec du sable par terre, une grande porte cochère… et j'entends alors le pire ricanement que je connaisse. Non, pas lui ! Si. Fabrice la brute est là, à cheval, dans la salle ronde en bois, et il hurle de rire en me montrant à ses copains, toute la bande, à cheval aussi, et derrière lui, je reconnais, oh non, ces yeux noirs, cette bouche… Sarah ! Une sueur glacée coule dans mon dos, je vais vomir, m'évanouir, pleurer, crier. Je commence à trembler. Mourir, là, tout de suite !

Mais soudain, tout s'enchaîne. À force de faire le mariole pour m'imiter, Fabrice, déséquilibré, tombe de son cheval. Il se roule par terre dans la poussière en se tenant la jambe, il hurle qu'il a mal, bien fait ! La ronde des chevaux s'arrête. Les monitrices descendent du leur et se précipitent vers Fabrice, l'air inquiètes.

À ce moment-là, un autre cheval s'emballe : celui de Sarah. Sarah tente de le retenir, mais son cheval est devenu fou, il se met à galoper, il sort du manège, manquant de me percuter, et il fonce droit devant lui, vers la forêt, emportant Sarah, blanche comme tout, qui lui crie de s'arrêter. Alors je ne sais pas comment je sais ce qu'il faut faire, d'où ça vient, mais je serre d'un coup de talon les côtes de mon cheval, je tire sur ses rênes pour le faire tourner et je me lance à leur poursuite.

C'est fantastique. L'énorme cheval galope sous moi et je n'ai même pas peur. Penché sur lui pour éviter les branches, je sens son odeur salée. J'ai l'impression qu'on se connaît, qu'il me comprend sans rien dire. C'est comme si j'entendais ses pensées. Il se dit : « On va les rattraper, on va les rattraper ! » et moi je lui réponds en pensée aussi : « Oui, oui ! » Comment il s'appelle, déjà, ce cheval sous moi ? Bonbec ? Chamallow ? Carambar ?

J'entends crier derrière moi, c'est la monitrice sans doute, mais je galope sans me retourner, droit devant, à la poursuite de Sarah.

– Ludo !

Dans un éclair, je reconnais papa près de notre voiture, éberlué, mais trop tard, dépassé, je galope toujours. Le seul cri que j'écoute, c'est celui de Sarah qui commence à glisser de sa selle, là-bas, devant moi, tellement elle est ballottée. Oh, elle vient de perdre un de ses machins pour les pieds ! Son cheval est déchaîné, Sarah glisse sur le côté, les bras tendus, elle essaie de remonter pour ne pas se faire piétiner mais son cheval galope si vite qu'elle retombe sans arrêt, de plus en plus bas, de plus en plus effrayée, de plus en plus épuisée. Je me penche sur l'oreille de mon cheval et lui crie : « Va, *Djinong-Khar ! Dzaaa !* Sauve-la, mon cheval magique ! *Dzaaa ! Dzaaa !* »

Après, certains ont dit qu'il semblait voler. Volant ou pas, on est arrivés à la hauteur de Sarah juste au moment où elle a fermé les yeux et tout lâché. Mes jambes serrées autour du ventre de mon cheval, laissant flotter mes rênes, je me suis penché à l'extrême et je l'ai rattrapée. À la force de mes bras, je l'ai remontée et déposée devant moi, en travers de l'encolure trempée de mon cheval qui ralentissait. Sarah s'est redressée, blanche comme un cachet. Mon cheval a fait quelques pas encore, et il s'est arrêté. La nuit tombait sur la forêt. De loin, j'ai vu tous les autres qui couraient vers nous. Tout contre moi, Sarah a ouvert les yeux et elle m'a regardé comme si elle me découvrait.

Du même auteur à *l'école des loisirs*

Collection THÉÂTRE

Colza
Marguerite, reine des prés
Dans la fôret profonde
Thomas Hawk
Louise les ours
Frigomonde
Mongol